춤추는 시인

박영재 첫시집

박영재 첫시집

춤추는 시인

발 행 일	2025년 5월 30일
지 은 이	박영재
발 행 인	박성우
편 집 인	김은희
펴 낸 곳	태극출판사
출판등록	제364-2003-000013호
주　　소	대전광역시 동구 동서대로1610-6
전화번호	042-256-8806
전자우편	pmj8806@hanmail.net(출판사)

ISBN 979-11-979049-6-7 (03010)

값 12,000원

※ 이 책의 판권은 지은이와 태극출판사에 있습니다.
※ 이 책 내용의 전부 또는 일부를 재사용하려면 반드시 양측에 서면 동의를 받아야 합니다.

시인의 말

　제 마음속 작은 방들에 오랫동안 서성이던 이야기들을 조심스럽게 문을 열고 세상 밖으로 나왔습니다.

　때로는 낯설고 때로는 익숙한 풍경들을 시라는 언어로 매 순간의 떨림을 기록하고 싶었지요.
　작은 시편들이 당신의 마음에 작은 파동의 울림이 있길 바라며 함께 그 떨림을 느껴주시기를 소망해 봅니다.

　이 시집은 우리가 살아가는 평범한 일상 속에서 발견하는 특별한 순간에 대한 기록, 무심히 지나칠 수 있는 작은 존재들 스쳐가는 감정의 조각들을 섬세하게 포착하여 시로 담아보았습니다.
　시들을 통해 당신의 하루에도 숨겨진 아름다움과 의미를 발견하는 기쁨이 있기를 바라겠습니다.

　시집이 세상에 나오기까지 많은 분들의 도움과 격려가 있었습니다.
　저의 시들을 따뜻한 시선으로 읽어주시고 함께 고민해 주신 편집자님께 깊은 감사드리며, 늘 곁에서 힘이 되어 준 가족들의 사랑이 없었다면 이 책은 존재하지 못했을 것입니다.
　이 자리를 빌려 진심으로 감사드립니다.

2025년 5월 30일
박 영재

차례

시인의 말

제1부 _ 침묵의 사랑

바다와 사랑의 손길 ---- 11
억새밭에서 ---- 12
연민과 인연 ---- 14
그리움 ---- 16
아련한 길목에서 ---- 18
발레리나의 연정 ---- 20
침묵의 사랑 ---- 22
세상 밖으로 ---- 24
사랑이 오는 길목 ---- 26
사랑의 그림자 ---- 28
아침 꽃 ---- 30
꽃이라는 이름으로 ---- 32
황금빛 들녘 ---- 34
가을 향기 ---- 36
빵 굽는 여인 ---- 38
안개비 ---- 40
사랑 그리고 미로 ---- 42

제2부 _ 흐르는 구름처럼

느낌 속으로 사는 나 ---- 45
오랜 벗 ---- 46
낭송의 여운 ---- 48
갑사 자락 ---- 50
바다 ---- 52
이 순간의 소중함을 ---- 54
황혼의 온기 ---- 55
흐르는 구름처럼 ---- 56
탄생의 신비 ---- 58
눈꽃 ---- 59
목련꽃 ---- 60
봄바람의 향연 ---- 61
푸짐한 사랑 ---- 62
그리움 ---- 63
꿈속의 길목 ---- 64
꽃향기 속으로 ---- 65
춤추는 시인 ---- 66
탑정호의 미소 ---- 68
아픔이 오면 ---- 69
마이산 ---- 70
바람아 나에게로 ---- 72

제3부 _ 이보다 좋을 수가

미소 ---- 75
산사의 겨울 ---- 76
바람이 분다 ---- 77
향에 취해 ---- 78
나에게 사랑이 ---- 79
수국 향기 따라 ---- 80
세월이 흘러도 ---- 81
길 ---- 82
스쳐 간 인연 ---- 83
홍따오기 ---- 84
이보다 좋을 수가 ---- 85
행복하세요 ---- 86
벚꽃의 치유 ---- 87
비에게 ---- 88
이 자리 ---- 89
너의 깊은 사랑이란 ---- 90
장미의 우애 ---- 91
미풍에 날려 보내는 ---- 92
아름다운 그대 ---- 94
내가 너를 ---- 95
핑크뮬리의 사랑 ---- 96

제4부 _ 내게 주어진 하루

하늘로 보내는 소리 ---- 99
유난히 그리움이 ---- 100
기억 속으로 ---- 101
아픔 ---- 102
여름이 무르익는 이쯤 ---- 103
촛대바위 ---- 104
내게 주어진 하루 ---- 105
아낌없는 사랑 ---- 106
내 곁에 당신 ---- 107
물멍 ---- 108
아이 야 ---- 109
내가 서 있는 이곳 ---- 110
사구 ---- 111
헤어지는 이 순간 ---- 112
별이 보이면 ---- 113
사랑의 고리 ---- 114
이 말을 전해주고파 ---- 115
아픔보다는 ---- 116
선홍빛 입술처럼 ---- 117
사랑 ---- 118
문수사에 봄 ---- 119
수선화 ---- 120
초원 ---- 121

1부

침묵의 사랑

바다와 사랑의 손길

쏴아-- 쏴아--
정화의 물결이 출렁인다
어찌 이 아름다움을
사랑하지 않으리오

우리의 가슴이 만나는 그곳
차가운 바다와 부서지는 물거품
우리들의 따스한
여운을 느낄 수 있는
고독한 방문객.

사랑의 진실을 한없이
넓은 바닷가에 수놓아
가난한 어부가 엮어 놓은 그물처럼
만남의 기쁨을 축복하리라

詩集 | 박영재 • 춤추는 시인

억새밭에서

따스함을
온몸으로 느끼며

이미
노화되어 쓸모없는
엉키는 소리를
진흙 벌판에 털어버렸나?

바람에 날려 가벼워진 듯
서로의 몸을
사부작 비벼대며
대지 위에 수를 놓는다

새로운 탄생을 위하여
밑거름이 되어준 억새는
오랜 땅속 잠 끝에 마음을
열어주겠지!

금강 천변에 은빛 물결 수놓아
만인의 사랑받기 위해
눈을 떠보자

1부 — 침묵의 사랑

언제나 푸른빛 생동감 펼쳐질
위대한 네 모습의 탄생을 기대하며~

詩集 — 박영재 • 춤추는 시인

연민과 인연

세찬 바람도 스쳐 지나가고
소스라치게
내 몸이 차가움을 느낄 때

더욱 더 매몰차게
휘어청 온몸이 꺾이도록
불던 바람의 야속함에
미움을 함께 전하고 싶구나

어느 날
따스한 빛 한줄기에
내 생명의 잉태함을 느끼고
야속함은 온데 간데

아지랑이와 하늘을 휘젓는 듯
단단해진 내 몸 안에
꽃망울을 맺어지니 온 세상에
물들일 들뜬 마음
가히 뿌듯하여라

1부
―
침묵의 사랑

풍파 속에 지켜진
나의 모습
누구라 맞이할 준비되었으니
코끝으로
향기로움을 줄 수 있고 시야에
아름다움을 선사하려니

인연들이여
어여들 와서
나의 탄생함을 보살피어
함께
축복 나누기를 바라기를…

그리움

무엇이
바쁘셔 그리 빨리 가셨소
말 한마디
건네지 못하시고

가슴에 담아가지도
못할 걸
내뱉고나 가시지

보고 싶다
사랑한다
어여 오라고 손짓이라도 하시지

옆에 계실 때 실컷 목 놓아
말이나 해 볼걸
나를 예뻐하고 사랑하고
꼭 안아달라고

나를
쳐다보시는 눈길을
눈과 가슴에 담아놨다오

1부
침묵의 사랑

사랑한다는 눈길을…

고이고이
편하게 가시구려
엄니와 교감은
언제까지나 마음 깊이
담겨 있을 테니까
엄니…

詩集 | 박영재 ● 춤추는 시인

아련한 길목에서

눈물이 난다
떨어지는 꽃잎에
마음이 시려오는구나

그토록
아름다움 표출하려
땅속 깊이 목메듯이
이슬 담아 공들였건만

누구의 탓을 하리
세찬 바람도
뜨거운 태양도 아닌 것을

세월의 흐름길에
역행할 수 없는 이치
어긋남을 행할 수 없듯이

흐르는
눈물을 거두어보자꾸나
가슴 적신 눈물을

1부

―

침묵의 사랑

안개 빛 눈망울을
사랑의 길목으로 열어보자꾸나
아쉬움도 미련도
떨구어버릴 수 있도록...

발레리나의 연정

눈부시도록
혼신을 담은 시선의 끝이
손끝
저 멀리 흘러가고 있다

시폰 자락 하늘거림이
내 몸을 스칠 때

곧은 다리 하나에 온몸이
의지되어
아름다운 선을 만들어내고 있구나

발끝의 고통은
온몸의 신비한 자태의 모습을
품어내 주기 위함이고

미소 진 얼굴에 아픔은 사라지고
환희에 끝자락 표현을 위해
희생하는
너의 사랑이 보인다

1부
침묵의 사랑

홍학의 군무를 승화시키듯
두 팔의 날갯짓과
물 위를 걷듯 소리 없는 종종걸음에

너에 아픔을 감추며
사랑의 감정을 품어 내고 있구나

인내하며 쓰디 쓴 아픔을
온몸으로 담아내고

아련한 선율에 그림 그리듯
너에 아름다운 희생에

날개 펼쳐
상상에 나래 속으로
내 몸 멀리 날려 보내본다

신비의 나라로...

침묵의 사랑

심장 소리
쉴 새 없이 펌프질
소리에 그저 담담했었죠

바쁜 움직임은
나와 함께 하길 원했고
조건 없는 마음으로
손잡고 걸어주신 분

무거운 어깨에
풍선 달아 날개 달린 듯
언제나 밝은 모습으로
미소 던져주신 당신이었음을...

커다란 심장 소리는 가냘프게
내 가슴에 날아들어 오고
거친 고단한 삶
심장 소리 의미를 깨닫기도 전에
희미하게 내 귓가에서 멀어져갔죠

자신의 삶과 깊은 뜻 감추고

1부
―
침묵의 사랑

지내오신
오직 당신의 깊은 애정으로
감싸 안으신 분

눈물을 흘려본들
뒤돌아 아쉬움을 표하고
안타까움에 늦은 후회 한들
다시
들을 수 없는 커다란 심장 소리
그립습니다

이제는
편안한 숨소리로 지켜봐 주세요
제 가슴속에
거친 심장 소리 간직하고
사랑으로 아낌없이
보살핌 주셨던 그 이름
기억하겠습니다

아버지
사랑의 심장 소리를…

詩集
|
박영재 ● 춤추는 시인

세상 밖으로

톡톡톡
꿈이 피어나는 소리
싱그런 이슬 등줄기에 머금고
햇살에 기지개 펴고 있구나

깜짝 놀란 내 귓불은 촉각을 세우며
너에게로 다가간다

너 먼저 가렴 네가 먼저 가렴
소곤소곤 꽃들의
아름다운 전쟁이 시작되었다

아지랑이 아른거리는
따뜻한 봄날에 나도 한 몸 되어
너희와 놀고파 귀 기울여본다

막내야 내가 힘이 되어줄 때니
햇살 한 몸에 받아 예쁨 뽐내보아라

서로의
애정 어린 다독임의 소리로

1부 — 침묵의 사랑

이끌고 밀어주고
환한 세상에 첫발을 내딛는구나

붉은색 황홀한 너의 첫 모습에
긴장되어 있는 나를 감추어본다
너를 본 순간
사랑하게 되었기에…

세상을 환하게 물들여주는
춤추는 꽃들
기쁨을 만끽하며
봄의
끝자락이 올 때까지 너의 모습 사랑하련다
오래토록…

詩集 — 박영재 • 춤추는 시인

사랑이 오는 길목

자욱한 안개는
소리 없는 발걸음으로 나를
감싸 안는다

저 멀리
형체를 알 수 없는 가물거리는
나뭇잎 선율에
내 몸은 어느새 휘감겨
지긋이 눈이 감긴다

어디로 가는 걸까
어느 곳으로 데려가는 걸까?
축축한
긴 터널을 지난 듯
싱그런 공기가 코끝에 와 닿는다
나의 눈은 부셔온다

견딜 수 없는 포근함에
몸부림치며
짜릿함이 피부에 녹아드는
애틋함이 사랑이었거늘

1부

― 침묵의 사랑

한 걸음씩 걸어가 봅니다
사랑의 길목을

詩集 | 박영재 ● 춤추는 시인

사랑의 그림자

물감을 풀어 놓은 듯
호수 물결에
너의 모습 담겨져 있구나

온 세상에
수채화 수 놓고 있으니
설레는 볼과
콩콩 뛰는 빠른 내 심장 소리

자연의 소리가
색으로 전해오니
황홀함에 절로 눈이 감겨
너의 품에
나의 몸을 힘껏 던져본다

양탄자 펼쳐지듯
푸르름과 붉은 빛이 원 없이
펼쳐진 그 자리로

향에 취하고
빛에 녹아드니

1부 — 침묵의 사랑

대자연 아름다움과 신비함
탄성과 감탄을 자아내며
자연
그대의 위대함을
온몸으로 사랑하리

詩集 | 박영재 ● 춤추는 시인

아침 꽃

아침에 피는 꽃
고운 꽃잎은 이슬을 먹고
빛을 발한다

하루의 시작을 알리는
웃음 띤 얼굴
만물의 소생과 순조로움이
당신으로 인해 시작되니
행복입니다

애틋함과 아낌없는 사랑
넘치게 주어도
부족함 가득합니다

서로에게
따뜻한 배려로 살아온 지난날보다
남은 긴 시간

가슴으로 품어
생각하고 배려할 수 있게

1부

침묵의 사랑

아름답게 머무는
소중한 당신입니다

詩集 — 박영재 ● 춤추는 시인

꽃이라는 이름으로

나는 당신을 기다리는
꽃이랍니다

손길 한 번에 수줍어 고개 떨구고
두 번의 눈길에 따뜻함을 느끼며
세 번에 사랑 줌에 나는
환한 웃음 보낸답니다

나로 하여금
당신의 얼어 붙은 마음과
멍든 가슴을 꽃잎 고운 색으로
물들어 따뜻해지면
환한 웃음 함께 나눌 것입니다

길지 않은 시간에 머물고 가는 꽃이지만
아쉬움을 뒤로한 채
잎새에 고운 사랑
남기고 가지요

1부
―
침묵의 사랑

한 계절에 피어나
당신의 기쁨과 슬픔을
온몸으로 느끼며

詩集 — 박영재 • 춤추는 시인

황금빛 들녘

눈이 부신다
노란 옷으로 갈아입은
너의 모습에
나의 가슴이 설레여라

궂은 비바람에
하염없이 힘들었던 너

가녀린
너의 몸을 지탱하기엔
지독히도 잔혹했던
여름날이었건만

풍파를 온몸으로 막아
싱그런 씨앗들을
가슴으로 품고 이겨냈으니

가을의 풍성한 너의 모습
황금빛으로
눈부시게 하는구나

1부

― 침묵의 사랑

비단결보다
더 고운 너의 황금물결이
위대하구나

가을 향기

붉은 빛 낙엽에
내~ 몸을 맡겨본다

언제
어느새 물을 들여 놓았는지
수줍어 고개를 떨쳐버리는구나

너의
생명력이 넘쳐나던 시절을 뒤로하고
바스락 소리를 새 생명력으로 여기며
가을의 붉은 빛을 담아
빛을 내고 있구나

낙엽
젊음에 생명은 다하였지만
수채화 물감 뿌려 놓은 듯
몸에 새겨진
아름다운
너의 새로운 탄생의 순간을
기억하여라

가을 향기

붉은 빛 낙엽에
내~ 몸을 맡겨본다

언제
어느새 물을 들여 놓았는지
수줍어 고개를 떨쳐버리는구나

너의
생명력이 넘쳐나던 시절을 뒤로하고
바스락 소리를 새 생명력으로 여기며
가을의 붉은 빛을 담아
빛을 내고 있구나

낙엽
젊음에 생명은 다하였지만
수채화 물감 뿌려 놓은 듯
몸에 새겨진
아름다운
너의 새로운 탄생의 순간을
기억하여라

1부

침묵의 사랑

비단결보다
더 고운 너의 황금물결이
위대하구나

1부
—
침묵의 사랑

한 계절에 피어나
당신의 기쁨과 슬픔을
온몸으로 느끼며

詩集 | 박영재 • 춤추는 시인

황금빛 들녘

눈이 부신다
노란 옷으로 갈아입은
너의 모습에
나의 가슴이 설레여라

궂은 비바람에
하염없이 힘들었던 너

가녀린
너의 몸을 지탱하기엔
지독히도 잔혹했던
여름날이었건만

풍파를 온몸으로 막아
싱그런 씨앗들을
가슴으로 품고 이겨냈으니

가을의 풍성한 너의 모습
황금빛으로
눈부시게 하는구나

1부
—
침묵의 사랑

너를 위한
가을이란 것을~

詩集 — 박영재 ● 춤추는 시인

빵 굽는 여인

유리창 넘어
햇살이 드리울 때
코끝에 고소한 빵 내음이
흠뻑 젖어 든다

달그락 달그락
휘핑 젓는 소리에 놀라
모두 깰까
여인의 손은 조심스레
손놀림한다

따끈한 빵 살포시
옮겨 담는 여인의 뒷모습에서
포근함과 편안함이
묻어나온다

정성 가득한 빵에
나도 모르게 살며시 손이

기쁨을 담고
행복을 담고

1부

―

침묵의 사랑

사랑을 담아
삶의 포근함을 느껴본다

안개비

하얀 도화지 위에 서 있는 듯
살포시 그림을 그려봅니다

동그라미와
내 모습을 그렸지만
하얀 백지가 펼쳐져 있는 듯
그림은 보이질 않는다

수많은 물방울이 모여
안개비를 이루고 있는 그 자리
나는 신비로운 안개성에 주인공

손으로 감싸 보고
두 팔로 휘져 어도 보고
한 치 앞을 볼 수 없는
안개에 싸여
나만의 공간을 누려본다

붉은 햇살이 스며들어
서서히 안개의 길이 열린다

1부

침묵의 사랑

저 멀리
잔잔한 호수에게 살며시
내어 주고
소리 없이 사라져 가는
안개비에
신비로움을 느낀다

사랑 그리고 미로

오직 그대만 사랑했기에
행복했던 순간들
하늘땅만큼 가득히
온 세상이 축복이었지요

아...
어느 날이던가
거센 비바람이 불어와
우리 사랑의 촛불이
꺼지고 길을 잃었지요

그대를 향한 나의 마음은
아직도
가슴 깊이 일렁이는데

나는 어디로
그대는 어디로
나의 사랑을
길 잃은 사랑이라 하나요.

2부

흐르는 구름처럼

느낌 속으로 사는 나

내가 만약
너의 마음 안에 사랑을
담을 수 있다면
나의 삶에 날개가 달릴 것이며

내가 만약
너의 마음 안에 빛을 낸다면
밤 하늘에 수를 놓겠지

무지개다리
별빛 꽃길 만들어 걸어도 보고

은하수 속 풍덩 빠져
상상에 나래 속으로
환희의
기쁨을 펼쳐보겠지

느낌 속에
나의 모든 것을 자유롭게
그림 그리며 전할 수 있기 때문에...

오랜 벗

풋풋한
어린 시절 뒤로하고

유수와 같은 세월 속에
흑발이 백발이 되어도
포근한 미소로 눈길을 주는구나

우린 서로에게 열심히
사는 모습으로
힘이 되라
토닥토닥 다독여주었지

욕심은 저 멀리
사랑하는 마음 가까이

너와 나 깊은 주름의 골이
삶의 훈장이라 생각하고
맘껏 웃어보자꾸나.

인생의 삶
그다지 길지 아니함을 알기에

후회하지 않는 과거와
남은 세월
손길의 에너지 주고 받으며
포근한 길을 열어 보자꾸나
오랜 벗이여...

2부

흐르는 구름처럼

詩集 — 박영재 • 춤추는 시인

낭송의 여운

넓은 자연과 더불어
한 몸이 되어
소리 내 낭송하니 화사하여라

주홍빛 붉게 물들어가는
가을 길목에 또 하나의
사랑의 흔적을 남기고 싶다

길가의 꽃을 바라보고
강가의 흐름을 바라보고

지난날의
회상이 스쳐 갈 때
따뜻함이 찬바람으로 변할 때
초록빛이 붉은색으로 물들 때

아름다운 이야기는
소리 없이 적어 내려간다

하나하나
낭송의 울림이 탄생할 때마다

2부 — 흐르는 구름처럼

나의 귓가에
추억거리 저장되고

먼 훗날
미소 진 얼굴로 가슴 깊이
감동의 물결로
파장이 퍼져나감을 느낄 듯~

詩集 — 박영재 • 춤추는 시인

갑사 자락

오색 단풍의 풍요로움
눈이 부신 햇살은 은행잎의
투명함을 보여주고

붉게 물든 단풍잎은 치마폭에
쌓인 듯 부끄럼을 타는 듯...

날 오라 손짓하네
형형색색 차려입은 고운 자태
뽐내고파
무언의 눈빛을 보낸다

못 이기는 척
산자락에 발 디디고
무수히 떨어진 낙엽 속에
함께하니
비단길을 스쳐 가는 듯

너의 등줄기
굽이 굽이 돌길 밟아 돌아보니

2부

― 흐르는 구름처럼

맑게 고인 계곡 속에
치어 떼들 꼬리치며
반겨주는구나

들려오는 산사의 풍경소리
스님 염원의 운율이

고요한 산새와 가을 향의
어울림이 평온한 마음에
자리하고 있구나

詩集 — 박영재 • 춤추는 시인

바다

세차게 밀려오는 하얀 파도
뒤이어
푸른빛 바닷물이 밀어 붙인다

가기 싫다고 반항하듯
파도의 물거품은 부서져
사라져 버리고

물결 밀려듦에
모래와 조개껍질 부딪쳐
알알이
하나밖에 없는 몸을 만든다

소리 높여
굉음을 내며 끝없는
파도가 바다를 대변하듯
위대함을 표출한다

이미 몸을 내어주며
끝이 보이지 않는
넓은 품을 너에게 주겠다고

무언의 광활함을
보여주고 있구나

2부

―

흐르는 구름처럼

詩集 — 박영재 • 춤추는 시인

이 순간의 소중함을

잊을 수 없는 과거에
미련을 두지 말고

지나쳐 버리고 온
인연에 아쉬움도 버려라

앞날의 황홀함도
바라지 말고

미래의 새로운
탄생에 겁내지도 마라

돌아봐도 갈 수 없고
앞을 봐도 알 수 없기에

나를 볼 수도 알 수도 있는
이 순간의
귀함과 소중함 삶에
안착하기를…

황혼의 온기

가녀린 연둣빛에서
푸르른 진한 초록빛
무르익은 갈색으로 변하듯

어린 소년이 청년이 되고
연륜이 쌓인
노인이 되어가는

세상 이치가
어느 하나 틀리지 않는구나
역행이란 있을 수 없는 일

조용히 걸어 보련다
아쉬움보다는
주어진 생명의 값진 보물을
귀하게 여기며...

흐르는 구름처럼

꽃길을 걸으옵소서
가시는 길 고운길 되리다

아무리 불러도
대답 없이 미소를 지으며
바라보시니
내 어찌 그립지 아니할까

허공을 휘저어도
닿을락 말락 잡히지 않고
저리 가라 손짓하시니
이 길은 네 길이 아니라 하시네

흐르는 눈물에
울지 말라 미소 보내주시고
어서 가라 치마폭을
휘날리시며 빛을 따라가시네

꿈이라도 가슴이 미어지니
고이 가시옵고
이름과 얼굴도 잊지 말아 주소서

흐르는 솜구름 위에
파랑새 되어
고운 꽃길 거닐도록 하소서

2부

―

흐르는 구름처럼

詩集 — 박영재 ● 춤추는 시인

탄생의 신비

너를 바라볼 때면
나는 설렌다
작은 알갱이 속에
커다란 힘에 놀라움을 표한다

깊은 땅속에
뿌리를 내리고 딱딱한
씨앗을 펼쳐
너에 속살이 비칠 땐
온몸에 전율이 흐른다

힘든 과정에
상처를 고스란히 이겨내
한 잎의 탄생
나에게 기쁨을 안겨주었단다

성장이란
희망을 안고 무럭무럭
자라주니
너의 참을성 있는 인내와 청순함을
닮아 가련다

눈꽃

백설기 눈가루 뿌려 놓은
넓은 들판에
한발 두발 세발 모두 모여
발자국 꽃을 피웠다
복수초 꽃 그림자 되어
홀로 추억 놀이에 빠져버렸고
멍멍이 발자국이
어여쁜 안개꽃이 되었네

하얗게 덮은
덤불 사이로 뛰어들어
반짝이는 눈가루를 내 몸에 날려본다

푹신한 눈밭에 누워
하늘을 보니
홀씨 된 눈가루 바람에 날려
얼굴에 살포시 녹아드니
겨울 눈과 한 몸이 되어본다

목련꽃

봄소식을
먼저 알려주는 묵직함을
갖고 있는 너

언제나
변함없는 모습으로 새봄을
느끼게 해 주는구나

순백의
청순미와 아름다움 품품~

고운 자태 매력에 빠져
곁에 함께 하고파 절로 이끌려
너의 잎이 되어
한 몸으로 자세 취해본다

봄바람의 향연

휘날리는 치마폭인 듯
내 몸을 감싸 안는다

무언의 소리 느끼며
발걸음은 너에게로 향한다

연분홍 얇은 꽃잎에
입맞춤을 해보니
너는 간지러움에 호로록
내 곁을 떠나버리고

소리 없는 부름에
내 발걸음 가볍게 춤추며
너의 몸에 기대어보니

거친 숨소리 내며
햇살에 반사되어 빛나는 꽃들이
흩어져 날리며
최상의 향연을 만끽하고 있구나

詩集 — 박영재 • 춤추는 시인

푸짐한 사랑

작은 꽃송이의 모습이 다닥다닥
서로의 몸을 의지하고 함께함을 표현하며
곧은 줄기에 네 몸을 담고 있구나

뿌리에 줄기가 되어 길게 뻗은 가지들은
서로의 모습을 바라볼 수 없는 안타까움

자색 물들인 밥알 닮은 꽃들은
형제 우애가 깊음으로 표현한다

하늘을 바라 본
곧은 모습과 사랑이 넘쳐남에
홀릭 되어
나도 닮아보련다

그리움

보고픔에 숨이 멈출 듯
저편에
나지막이 메아리쳐오는
긴 한숨 소리

가슴을 부여잡고
아픔을 삼킨다

기약 없는 이별에
촉촉함이 느껴지는 눈망울 속
그림자 되어 자리하고

흐릿한 기억으로 남을지라도
가는 길목
꽃길 되고 비단길 되어
아쉬움과 그리움 없이
고운 발길 옮기소서

詩集 — 박영재 • 춤추는 시인

꿈속의 길목

환한 엄마의 모습에
나는 설레였다

생전 모습 그대로
내 손을 꼭 잡고
미소 지으시며 한 걸음 내딛으신다
옥색 치마와
새하얀 고운 얼굴빛에 눈이 부신다

보고픈 걸 어찌 아셨을까
내 아픈 것을 어찌하셨나

포근함과 따뜻함을
살포시 안겨주시니
내 온 몸에
편안함이 전해진다

꽃향기 속으로

노란 큰 얼굴
맑은 미소가 담겨있는 너

온화함으로
감싸주는 어머니 미소를 담고

그리운 임을
기다리며 그리운 미소 남기며
정겨운 시골의
진한 된장국의 맛있는 미소가 보인다

너의 긴 모습
모든 환함을 온 몸에 담아두니

꽃잎 향으로 전해 주는
환한 웃음에
내 어깨는 들썩인다

춤추는 시인

잔잔한 음악 소리
몸의 움직임이 자유로운 영혼인 듯
발끝부터 흐느낀다

분산된 동작 속에
깊이 있는 정적인 모습을 표현해 보고
보여지는 춤 선과 머릿속에
고운 글들이
흩어져 별빛을 내린다

붉은 홍학을 연상시키듯
나의 두 다리는 이미 하나가 되고

미동도 없이 잠에 빠져든 홍학
신비로운 모습에
머리는 이미 품으로 파묻혀
온몸에 감정을 실어 너를 닮아 가고 있구나

살포시
날개를 펴고 너에게 전해주련다
아름다움에 흠뻑 빠진 나

2부

—

흐르는 구름처럼

사랑에 폭죽이
하늘 높이 피어났음을

詩集 — 박영재 • 춤추는 시인

탑정호의 미소

강인 듯 바다인 듯
잔잔한 넓은 호숫가 나를 반긴다

시원한 실바람에
높고 굵은 싱싱한 소나무 향이
코끝을 자극한다

처음 시작이 궁금하고
끝이 어딘지 상상해 보지만
잔잔하게 품어 안은
넓은 탑정호의 모습에는
따뜻하고 편안함을 찾는다

너의 모습 그대로
대대손손 유지하며
깊은 자연의 신비를 고이 간직하길
마음으로 소원해본다

아픔이 오면

아픔이 가슴에 남으면
하늘을 보라
하얀 구름과 함께 흩어질 테니

아픔이 눈으로 오면
넓은 대지를 보라
푸른 초원에 녹아들어
정화가 될 테니

아픔이
소리 없이 몸으로 젖어 들면
따뜻한 손길을 잡아보라
경직된 살들이
눈 녹듯 녹아날 테니

아픔이란
마음먹은 대로 풀려날 테니
생각하는 방식으로
자연스럽게...

마이산

녹음이 짙고
계곡에 맑은 물 흐르니
이곳이 천국이리

우뚝 솟은
바위산을 바라보고 있으니
너의 위엄에
내 몸은 작은 씨앗인 듯싶구나

작은 돌과 큰 돌이 뭉쳐
어마어마한 돌산이 된 너

모진 비바람과 풍파
끄떡없이 버티고 있지만
산 곳곳에 깊게 팬 공간들이
너의 아픔의 세월을
고스란히 안고 있구나

쓰다듬어 위로해주고 싶고
괜찮나 안아주고 싶은네
생각이 무색할 정도로

당차게 자리 잡고 있는 돌산은
나를 위로하고 있단다

두 봉우리의
다정한 돌산에 힘을 얻고
시원한 물길 따라
나는야
탑산으로 발길을 돌린다

詩集
|
박영재 ● 춤추는 시인

바람아 나에게로

꽃비가 내립니다
바람아 바람아 불어다오
이 한 몸 꽃비 되어
님 곁을 휘날릴 수 있도록

안개비처럼
알알이 흩어져 날리는
너는 어디로 너는 어느 곳으로

바람아
하얀 치맛자락 너울대듯
꽃의 마음을 싣고
따뜻하고 포근한 곳으로
데려다 주어
한줄기 생명을 기대해보자꾸나

이팝 꽃 아름다움이
끝없는 하늘 저 멀리
가녀린 자태 휘날리며
온 세상에 손짓을 한다
나의 사랑 느껴 보라고...

3부

이보다 좋을 수가

미소

웃는 얼굴은
사랑을 주고 활력을 넣어주니
보기가 좋아요

미소를 지어요
편안한 마음속에 밝아지는
사랑이 샘솟지요

내 삶의 지혜를 찾아
미소를 만들어 보아요
환한 얼굴로

3부
―
이보다 좋을 수가

詩集 — 박영재 • 춤추는 시인

산사의 겨울

산새도 잠들고
진한 갈색 낙엽 위에
흰 눈 쌓인 포근한 깊은 산 속

소리 없는 바람결에
처마 끝 풍경소리가
찌든 마음과 고요한 능선에
평온함을 깃들게 한다

염불하시는 주지 스님의
뒤태에서 풍기는 불자들을 위한
진한 마음의 음률에
절로 머리 숙여지고

산자락의 새 생명을
탄생하기 위해
운주사의 겨울은
이렇게
지루함을 잊고
기다림의 미향을 느끼게 한다

바람이 분다

3부 — 이보다 좋을 수가

분홍빛 뺨이 시리다
매서운 바람이 스쳐 갈 때
그냥 지나치지를 않는다

그 무엇이
바람을 화나게 했나

가슴에 옷자락 부여잡고
그 마음을 달래본다
내가 풀어주겠다고
나에게 마음을 풀어 놓으라고

진정된 너의 흐름이
온기가 느껴진다
사랑으로 치유된 듯…

詩集 — 박영재 • 춤추는 시인

향에 취해

코끝에 향이 노를 젓고
새하얀 꽃들이 밥풀처럼
대롱대롱 매달려 춤을 추고 있구나

까만 밤하늘에
유난히 빛이 나고
진한 향기가 어둠을 뚫고
달콤함을 만들어낸다

밝은 낮 벌들의 향연에
너의 몸을 내어주고
조용히 내일을 위하여
밤이슬을 머금고 별들과 잠이 든다

바람이 분다

분홍빛 뺨이 시리다
매서운 바람이 스쳐 갈 때
그냥 지나치지를 않는다

그 무엇이
바람을 화나게 했나

가슴에 옷자락 부여잡고
그 마음을 달래본다
내가 풀어주겠다고
나에게 마음을 풀어 놓으라고

진정된 너의 흐름이
온기가 느껴진다
사랑으로 치유된 듯...

詩集 | 박영재 • 춤추는 시인

향에 취해

코끝에 향이 노를 젓고
새하얀 꽃들이 밥풀처럼
대롱대롱 매달려 춤을 추고 있구나

까만 밤하늘에
유난히 빛이 나고
진한 향기가 어둠을 뚫고
달콤함을 만들어낸다

밝은 낮 벌들의 향연에
너의 몸을 내어주고
조용히 내일을 위하여
밤이슬을 머금고 별들과 잠이 든다

나에게 사랑이

햇살만큼 빛나는 네가 있어 좋다
내게 안겨보렴
사랑하는 마음이 전달될 거야

너의 따뜻함 나에게 나누어 주렴
꽃보다 진한 향기가
온몸을 감싸는
너와 나의 안개빛 사랑이
피어날 거야

보일 듯 말 듯 알 듯 모를 듯
진심으로 느끼는 우리 사랑
아름다운 나와의 이야기
가슴속 애정 주머니에 소중히
담아둘 거야
살포시 꺼내볼 수 있도록...

3부
―
이보다 좋을 수가

수국 향기 따라

작은 꽃들이 모여
하나의 송이로 탄생

그 속에
각 다른 형형색색 차려입은
화려한 자태들

너의 모습에
이끌려 가까이 다가가
기대어본다

햇살을 몸에 하나 가득 담은
빛나는 너의 몸에
영롱함의 매력에 빠져든다
닮고 싶다고...

세월이 흘러도

그렇다
그렇게 내 눈앞에 흘러간다
소리 없이 지나가 버린다

바람도 없었는데
소원도 안 했건만
젊음의 삶은 소리 없이 가버리고
은색의 머릿결에
마음이 녹아내리고 있구나

저 멀리 붉은 석양도
가라 하지 않았건만
소리 없이 지고 있구나
찬란한 아침을 밝게 하기 위해

시리게 세월은 흘러도
나 또한 희망이어라
나와 함께하는 식구들의
밝은 미소 속에
꽃을 피우고 있단다

길

길게 뻗은 이 길에
둘만의 기억을 남기고 있다

가로수길 사과 닮은
너의 붉은 볼처럼
나의 가슴에
따뜻해져 있는 너의 얼굴 담아보고

두 손끝에 전해오는
소리 없는 전율에 행복의
메아리가 들려온다.

아름다운 꽃길이라고...

스쳐 간 인연

별나라에서 왔나요
짧은 우리의 만남

잡힐 듯 잡히지 않는
스쳐 지나간 그대
주지 않은 눈길을 그리워하며
아쉬움을 달래고
다시 한번 만남이 기대하며

보이지 않는 뒷모습
알 수 없는 서로의 등지며
소리 없이 걸어간다
다음의 만남을 기대하며

홍따오기

천상에 노닐고 있는 듯
너를 보노라니
깃털의 화려함에 눈이 부시는구나

빨간색 홍따오기
날갯짓하며
기다림의 목마름을 알듯
기쁜 메시지를 전해주는구나

먼 거리 날아와
지친 듯 나무에 몸을 걸치니
그 또한 장관이고
붉은 꽃이 피어나 그리운 소식
수를 놓아주니
입가에 미소가 흐른다

이보다 좋을 수가

당신을 만날 마음에
흥분이 되고
당신의 모습을 볼 생각에
얼굴에 홍조가 물들고

아름다운 인연이
사랑으로 변하였으니
이보다 좋을 수가

당신이 내게 준
인연이란 값진 선물

귀하고 귀하니
내 마음 깊은 곳에 담아두리오
당신을 사랑하니까

행복하세요

눈물 나도록 행복한가요
저는 그러네요
옆에 당신이 있기에

함박웃음 짓도록 행복한가요
저는 그러네요
사랑하는 자식들이 있기에

온몸이 전율을 느끼는 이 순간
함께하는 그대가 있기에
외롭지 않아요

마음이 저리도록 애틋함을
전해주는 당신이 있기에
우리 행복하자고요

벚꽃의 치유

나를 바라보고 있구나
꽃들이 춤을 추고 있구나
너도 추고 있네

내가 슬퍼 보이지
마음이 아파

하지만 너의 얼굴이
나를 달래주고 있구나
소리 없이 전해주는 너의 미소가
내 마음 치료해 준단다

웃어 볼게
너를 따라 춤을 출게
치유되는 나를 보며
고맙고
너를 사랑할 거야…

비에게

또르륵 또르륵
빗방울이
나뭇잎 줄기를 타고 흘러 내린다

축 처진 앞머리에
흐린 하늘을 대변하듯
내 어깨를 짓누른다

너의 우울함에 내가 슬퍼져
어두운 구름이 운치보다는
바닥을 치는 느낌이랄까...

구슬프게 울지 말고
차가움을 따뜻하게 생각하며
우리 안아보자꾸나
사랑으로... 너를... 사랑해

이 자리

이 자리에 내가 있게 됨은
당신 때문이라오

삶의 무게가 가벼운 것도
당신 덕이라오

이 세상이 환하게 빛이 나는 이유도
당신이 옆에 있기 때문이라오

당신의 넓은 어깨에
기댈 수 있는 이 자리가 있어
행복하다오

詩集 — 박영재 • 춤추는 시인

너의 깊은 사랑이란

나에게 꿈을 심어주고
모든 것에 따뜻함을 전해주라는
사랑아

비치는 내 눈망울 속에
기쁨도 담아지고
슬픔도 담아지고
분노도 담아지지만

너의 이름 되새기며
머릿속에서 정화되어
아름다운 꽃가루 날려
온 세상에 뿌려지고 있구나

사랑, 사랑이란 너
부를수록 내 몸은 온기가 흐르니
나는
편안함과 포근함을
배출할 수 있는 준비가 되어 있단다

장미의 우애

어느 날~
붉은 꽃잎들이
태양 빛을 받아 더욱 선명하고
꾸밈없는 자태를 뽐내려
얽혀 있는 모습이 더욱 아름답구나

오밀조밀
큰 형님 작은 형님 사이로
빼꼼 내다보는 막내 꽃송이에
시선이 머무른다

작고 여리지만
맑은 선홍색에 온 힘을 불어 넣어
한 자리 차지하러
형님들 사이로 한 뼘 솟아오른다.

인심 좋은 형님들
막둥이에게 어깨 내주는 멋진 감각에
의기양양 빛을 음미하고
다복한 꽃송이들
소곤소곤 아름다운 합창 소리 들린다

미풍에 날려 보내는

시원한 강바람 얼굴을 스치고
물 반사의 눈부심 속에
노견인 깜돌이와 길을 걸어본다

뜨거운 태양 아래
진한 분홍빛 백일홍은
꼿꼿한 강인함을 뿜어내어
발길을 멈추게 한다

가까이 보니 더욱 예쁜 너
노란 원색의
꽃술에 절로 입맞춤이...

아름다운 설화 속
죽지 않은 임을 향해
마지막의 생을 보내야만 했고
기막힌 이별에
100일 동안 흐트러짐 없이
그리움을 채우며 피어났다는
백일홍
기다림의 애틋함을

고스란히 꽃잎에 적셔 놓았구나

그 임도 알고 나도 알고 있으니
고운 자태 남기며
사랑이란 이름으로 영원히
불러 주리라

3부
―
이보다 좋을 수가

아름다운 그대

손끝이 닿는 그 순간
코끝에 찌릿함이 느껴진다

좋은 사람은
함께만 하여도 솜사탕 녹듯
사르르 가슴을 적셔 주는구나

우리는 언제나 하나
생각은 아름다운 사치인 듯

완성된 사랑아~
무지개 비눗방울 풍선 되어
살포시
실바람에 날려 보낸다

내가 너를

흙빛에 숨어 있는
이름 모를 가녀린 풀꽃 보며
너를 닮았다 할 거야
사랑스럽기에

파란 물감 수채화 그린 듯
흘러가는 흰 구름을 보며
너를 생각하겠지
포근한 너의 마음이기에

메타세쿼이아 길목
펼쳐진 너의 자리에
내 발자취를 남겨
너를 생각하련다

3부
—
이보다 좋을 수가

핑크뮬리의 사랑

사랑을 줄 수밖에 없는
너의 모습에
이미 내 몸이 너에게
휘감겨지는구나

하늘거리는 실낱같은 줄기와
여린 작은 씨앗
파란 하늘과 어우러진
너의 모습

더욱 빛이 나고
내 마음을 살포시 훔쳐 가
돌려주려 않는구나

바람결에 휘날리는
너의 모습은

신비로움에 극치이며
상상의 나래를 펼치게
만드는구나

여름이 무르익는 이쯤

4부
—
내게 주어진 하루

사랑이었을까
저 멀리서 나에게 오는 파도

하얗게 부서지는 물거품
사랑을 품어내듯
굉음을 쏟아내며 달려든다
너를 사랑한다며

뜨거운 햇살 아래
백사장의 모래알도 빛을 발한다
나를 바라봐달라고

내 품에 담아두리라
여름이 지나가도 푸른빛 바다와
은빛 모래를 보낼 수 없다고
이 여름을 잊지 않도록...

詩集 — 박영재 • 춤추는 시인

촛대바위

곧은 모습 불꽃이 타오르는 듯
망망대해 자리를 지키고 있는 너

휘날리는 강풍에도 끄떡없이
모진 세월을 이겨내고
괴이한 암석에서 예쁘게 다듬어진
촛대바위가 되었네

너의 모습을 보러 달려왔지만
바라보고 있는 나의 눈꺼풀은 파르르 떨리고
숨조차 내쉴 수 없어 소리죽여 너를 보았다

얼마나 힘들었을까
깎아지어 가는 한 조각 한 조각을 떠나보낼 때
그 아픔이 있었겠지만

신비로움에 가까운 너
바다도 알고 파도가 달래주니 고운 자태로 남아주며
내 마음 심지에 너에 불꽃을 담아주어
함께 빛을 내도록 하자꾸나

내게 주어진 하루

날씨가 맑다
마음이 들떠 있다
아이들을 만날 생각에
풍성한 사랑 행복하다

홀로 앉아 있는 너와
마주치는 눈빛에 사랑 가득
미소를 던져주는 너의 눈망울에
나는 홀릭되고

열심히 집중하여
하나라도 놓치지 않고 해주는
멋진 친구들 있어 좋다

쑥스러워 보지도 않았던 너
나에게 손길을 주며 함께하자
미소를 주니 나는 행복해
아름다운 너희들이 있기에

詩集 ― 박영재 • 춤추는 시인

아낌없는 사랑

뜨거운 햇살 아래
당신 어깨 기대면 말없이
감싸 안아주는 따뜻한 품

언제나 그 자리에
곧은 나무처럼 서서
아낌없이 가려주는
그늘 같은 사랑

목마른 마음 채워 주는
아름다운 사랑

마르지 않는 샘처럼
영원히 빛나는
당신의 아낌없는
순수한 사랑이여라.

내 곁에 당신

4부 — 내게 주어진 하루

쫑긋 귀를 열고
콩닥콩닥 숨소리에
살포시 입가에 미소
함께함을 감사하며
아침 햇살 빛 맞으며
자리에서 일어난다

진한 커피 향이 코를 찌를 때
백허그에 감미로움을 느끼며
우리 함께함에 감사하며
삶의 원동력을 표출해본다

사랑이란 이름으로
달콤하게 쳐다보고
애틋하게 감싸 안아
늘 내 곁에 함께 하자고...

詩集 — 박영재 • 춤추는 시인

물멍

또 다른 세계 속 나를 던져본다
푸른빛의 멸치는
화려함을 발하며 군무를

넓은 주둥이 빨판고기
먹이 사냥 나서고

줄무늬고기
춤추며 사랑도 나누고
수풀 사이 치어들 신나는 소풍 길

수초들 하늘거림 속에
각자의 할 일에 몰두하는
모습에 하염없이 빠져든다

아이 야

4부 — 내게 주어진 하루

너의 심장 박동에 기쁨을
태어나 얼굴 보여주고
잘 자라서 웃음을 주고
성인이 되어
의젓함에 감사한다

자라나는 힘듦을
무던히 이겨내 주고
다정함이 온몸에 전해오니
애정의 숨결이 스며든다

우리에게 이어진 아름다운 끈
사랑의 선물이었단다

詩集 | 박영재 • 춤추는 시인

내가 서 있는 이곳

맑고 맑은 눈망울
살포시 옆을 스칠 때
나의 시선은 너에게 머문다

뒷모습이 나를 부르는 듯
내 발걸음이 너를 따른다

수줍어 달아나지만
나는 너를 끝없이 바라보고 있지
너와 나의
마음이 똑같다는 바람으로
따뜻하게
서로를 사랑한다고...

사구

4부 — 내게 주어진 하루

곱디고운 너희들
어디서 왔을까?

금빛 은빛
어우러진 모습들이
조개, 껍질과 돌이 부서짐을
전혀 가늠할 수 없단다

파도에 바람에
돌고 돌아 정착한 이곳이
너희들의 보금자리이지만
은하수에 별빛 쏟아지듯
우주를 물들여
너의 존재를 귀하게 여기길
바람 해 본다

詩集 — 박영재 ● 춤추는 시인

헤어지는 이 순간

내 숨 바람으로 너를 보냈건만
자꾸 생각나
보내기 싫은데 가버렸네

하얀 솜털에
네 몸을 맡기어 소리 없이
날아가는구나

어디로 가는 걸까
어느 곳에 정착할까

아름다운 벌판에 꽃 터 자리 잡고
너의 모습 피워 보렴
누구나 지나치며 행복함을
느낄 수 있도록...

별이 보이면

까만 밤하늘
별이 반짝이면 그대가 보여요
미소 짓는 얼굴이
별을 닮았죠

보일 듯 말 듯 조그만 별은
그대의 보조개
상상의 나래를 펼쳐 보내요

실타래 연결하듯
은빛 물결 별들이 무리를 지어 흘러가고
그대 별 환하게 미소 보내니
나의 시선 멈추었어요

詩集 — 박영재 • 춤추는 시인

사랑의 고리

우리 만남은
운명도 기적도 아닌
사랑이랍니다

누구나 만날 수 있는 건 아니기에
삶의 한 조각에
사랑의 흔적을 남기는
우리 만남

고맙고 고맙소
만남의 선물을 전해주어서...

소리 없는 사랑의 물결
서로 연결고리 만들어가고
넘치는 복이 들어오니
사랑 전해 봅니다
우리 기억에 오래 남도록...

이 말을 전해주고파

이 말을 전해주고파
사랑한다고...

왜 못했을까
아낌없이 사랑했는데

마음에 담아만 놓고
당신에게 토해내질 못했네요

이제 후회해도 소용없음을
구슬 같은 눈물이 흘러
당신 마음 적셔주면 좋으련만
사랑하고 있었다는 걸
아시길 바라며...

무지개 속 당신
언제까지 사랑합니다
그립고 그립기에

詩集 | 박영재 ● 춤추는 시인

아픔보다는

누구에게나 아픔이
당신에게도
나에게도

삭이기 힘든 마음을
우수에 찬 눈동자로
눈물이 흐르고
숨 한줄기 토해 버리고
고개가 떨쳐진다
보내련다
가슴에 담아 두지 말자
그 누구도 슬픔을 뒤로하고
아픔의 흔적이
남지 않도록...

선홍빛 입술처럼

붉은 능소화 꽃잎
내 입술에 얹어 놓고
물 위를 바라본다

누구야?
예쁜 너는 누구지
창백한 나의 모습을
밝게 만들어주는 너

물속에 너는
차가운 빛이 되었네

흔들리는 바람결에
꽃잎 날려 물 위에 앉으니
붉은 꽃잎으로 물들어
예뻐졌구나

사랑

달콤함이 쏙쏙
내 몸에 스며들듯이

고요한 아침 햇살이 조용히
스며들어
마음을 포근하게 하는듯하며

폭풍우처럼
숨 막힐 듯 강렬하게 몰아치기도

하지만
사랑은 늘 그 자리
영원한 별과 같아라

문수사에 봄

연못 위에 비춰진 너의 모습
내 모습도 살짝...

바람에 일렁이는 물결 위에
우리 모습 사라지고
휘날리는 꽃잎들이 수를 놓는다

긴 겨울 이겨내고 꽃망울이 하나둘씩 터지니
선홍색 꽃잎의 자태를 뽐내며
치마폭 휘날리듯 춤을 추고

여인들 설레며 봄을 기다리듯
코끝에 맴도는 꽃향기에 반하고 눈이 즐거우니
내 마음에도 봄이 스며든다

수선화

고결하고
신비함이 가득한 수선화

사랑해 달라고 나를 봐주고
내 곁으로 돌아와 달라고
애원하듯이 곧은 자세로 바라보고 있구나

외로움을 달래려
수만 송이 함께 자리하니
한 폭의 그림이여라

아름다운 본인 모습에 반해
물에 빠져 죽은 나르키소스가
수선화가 되었다는 전설이
애절함이 와 닿는다

초원

4부 — 내게 주어진 하루

봄의 아지랑이가 춤을 추고 있다
들판에 푸른 이불을 덮었고
내 마음 넓은 땅이 되어
그 모습 품어 보았다

땅속에 꿈틀 머리를 내밀어 보는
소리 없는 들꽃들
봄의 소리에 기지개 펴보는구나!

봄을 품은 나를 보며
너의 모습 드러내
새로운 봄의 여신을
느껴보도록 하여라

너의 빛을 발하여
넓은 들판에게 알려본다
따뜻하고 생동감 넘치는
봄이 왔다고
소리쳐본다 일어나라고
봄의 향기 만끽하도록...

태극출판 작품집

문화류씨 종친회 종보
한국전력연구원 학술지
국립문화재연구소 문화재청 학술지
대덕구청 소식지
농협 소식지
천지인 _ 윤규호
생로병사 무병장수 _ 윤규호
취석고 _ 류종현
하늘 어부 _ 신호철 시집
살짝 열고 나서는 달 _ 좌도시동인 시집
다시, 두레박을 내려라 _ 좌도시동인 시집
모달불에서는 웃음소리가 난다 _ 좌도시동인 시집
여명 창간호 _ 대전문학메카
한국시와소리마당 문예지 제4집
한국시와소리마당 문예지 제5집
달개비꽃 _ 동시대문학동인회
중도문학 통권30호 _ 중도문인협회
추억은 잠들지 않는다 _ 이지원 시집
우리는 혼자가 아니라는 사실을 알기 위해 글을 쓴다_ 삼다 12기 낮반
바람은 돌담을 따라 불아온다 _ 좌도시동인 시집
겨울 이야기 _ 임하영 시집
봄 이야기 _ 임하영 시조집

대전시 동구 동서대로1610-6 / 010-4682-7248

춤추는 시인